AF312755

Henri BACHIMONT et Antonin LUGNIER

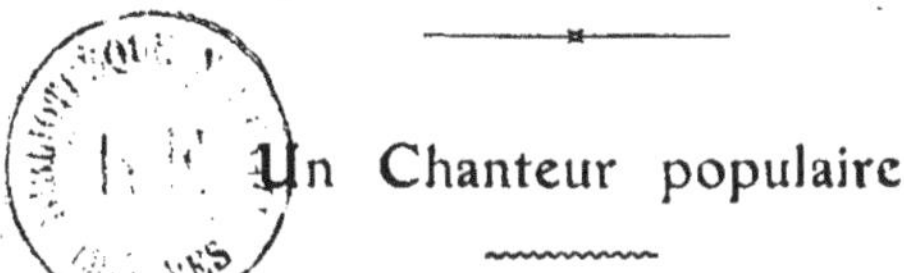

Un Chanteur populaire

DARCIER

PARIS

Librairie H. DARAGON

96, rue Blanche

1914

DARCIER

Un Chanteur populaire

———

DARCIER

DES MÊMES AUTEURS

Henri BACHIMONT (Henri Bresles), compositeur :

Comme au Bon Vieux Temps, chansons dans le genre populaire ancien, poésies de Jules LAFFORGUE. E. Coutarel éditeur, 13, rue du Faubourg Montmartre, Paris.   Prix net : 4 fr.

Chansons de Trianon, poésies d'Edmond TEULET. E. Coutarel éditeur, 13, rue du Faubourg Montmartre, Paris.
          Prix net : 7 fr.

Les Mois en Chansons, poésies d'Octave PRADELS, illustrations de CLÉRICE frères. Margueritat et fils, éditeurs, 7 *ter*, Cour des Petites Ecuries, Paris.   Prix net : 10 fr.

Antonin LUGNIER :

Sonnets Foréziens, grand album in-folio, illustré par Eugène DELATRE, avec un portrait de l'auteur, par Clément BÉTOUT, et une lettre-préface de M. SULLY-PRUDHOMME, de l'Académie française.

L'âme Forézienne en 1900, enquête provinciale, avec des lettres d'artistes et écrivains foréziens.

Un Forézien au « Caveau » : *Jules Janin et la Chanson*, étude historique et critique.

Histoire de la Société Lyrique « Les Enfants du Caveau », un volume illustré, avec portrait de l'auteur gravé sur bois par TOUZERY, tirage limité à 300 exemplaires numérotés. H. Daragon, éditeur, 96, rue Blanche, Paris.   Prix : 5 fr.

Henri BACHIMONT et Antonin LUGNIER

Un Chanteur populaire

DARCIER

PARIS

Librairie H. D'ARAGON

96, rue Blanche

1914

DARCIER

THÉODORE DE BANVILLE.

Au cours des quelques pages qui vont suivre, nous ne révèlerons pas, au public, un talent inconnu.

Nous n'avons rien découvert d'ignoré, car, bien avant nous et du vivant même de DARCIER, comme après sa mort, beaucoup d'écrivains ont consacré, à cet artiste ou à sa mémoire, des biographies très complètes. Nous engageons donc vite ceux de nos lecteurs que notre sujet intéresse et dont nous n'aurons pas satisfait la curiosité bienveillante, à se reporter aux divers travaux de nos prédécesseurs, travaux que nous nous empresserons de leur indiquer au passage.

Notre but est modeste. Nous voulons simplement faire revivre un instant le souvenir d'un artiste original dont le talent reste inoubliable pour ceux de

DARCIER, en 1847
(Collection A. Patay)

nos aînés qui eurent, jadis, la joie de l'applaudir; publier quelques uns des documents que nous avons rassemblés ; et signaler enfin l'indifférence de notre démocratie envers la mémoire de ceux qui étaient déjà ses serviteurs alors qu'il y avait danger à l'être, à l'époque où les services rendus à la cause populaire ne donnaient pas l'accès de l'assiette au beurre mais ouvraient plutôt les portes de Sainte-Pélagie à Charles GILLE (1847) et celles des Madelonnettes à Gustave LEROY (1849); donnaient Lambessa en épouvantail à Pierre DUPONT (1852'; obligeaient LACHAMBEAUDIE à prendre le chemin de l'exil.

On nous menaçait, l'an dernier, d'ériger vis-a-vis le Frédérick LEMAITRE du quai Jemmapes, le buste d'un chanteur à qui la puissance de ses jarrets valut la notoriété et beaucoup d'argent vite fondu !

Nous l'aurons peut-être un jour ou l'autre, ce buste, et cela ne nous gênera guère... mais le jour de son inauguration on cherchera en vain, sur nos places publiques, l'effigie de celui qui, curieuse coïncidence, fut surnommé assez justement, par Théophile GAUTIER, le « Frédérick Lemaître de la Chanson ». Cela constituera, alors, une double injustice que nous déplorerons sincèrement, car DARCIER conservera toujours sur PAULUS, et de très haut, un droit de préséance que nul ne saurait contester.

*
* *

Pierre-Jean-Joseph LEMAIRE, fils de Jean-François LEMAIRE et d'Adélaïde-Augustine DARCIER, naquit le 5 mars 1819, 80, rue Saint-Honoré, à Paris. L'un de ses biographes les plus avertis, M. L.-Henry LECOMTE, nous apprend (1) que, vers 1842, notre compositeur était l'un des comédiens de la troupe que les frères SEVESTE faisaient évoluer sur les théâtres de la banlieue parisienne.

Pendant la saison 1844-45, nous le trouvons au 2e rang de la troupe ambulante qui donnait cinq représentations par semaine, au théâtre des Batignolles.

Sans avoir une vocation dramatique exclusive, Joseph LEMAIRE aimait à jouer les créations de Frédérick LEMAITRE.

Il ne jouait pas sous son nom. Sa sœur avait pris celui de DARCIER, nom de leur mère, pour chanter à l'Opéra-Comique où elle débuta le 21 mars 1840, dans *La Mantille*, en reprenant le rôle créé par Jenny COLON. Le frère imita la sœur, Joseph LEMAIRE devint Joseph DARCIER, et, par un jeu

---

(1) N° 9, 1er décembre 1878, du journal *La Chanson*, directeur A. Patay, dont M. L.-Henry Lecomte était le rédacteur en chef.

du sort assez surprenant, contrairement à ce que laissait pré-
voir la hiérarchie théâtrale, ce fut le petit acteur des Batignolles qui, malgré les succès de la diva de l'Opéra-
Comique, illustra le plus le pseudonyme commun, en reste
le titulaire unique devant la postérité.

Litho de Aubry-Lecomte, 1850.

Mademoiselle Gabrielle Darcier
d'après le pastel de Ed. Sewrin

Mlle Darcier, hâtons-nous de l'écrire, ne passa cependant pas inaperçue de ses contemporains. En 1842, le
rédacteur de la brochure : *Théâtres, Acteurs et Actrices de*

Paris, voyait en elle « une des plus gracieuses et des plus spirituelles actrices qu'ait jamais possédées l'Opéra-Comique ». Deux ans après, BRÉANT et CHAMPEAUX, dans leur ouvrage : *Biographie des Acteurs et Actrices de Paris*, la qualifiait de « jolie perle, à laquelle l'œil du plus exigeant lapidaire n'apercevra bientôt plus un défaut ».

Cette sympathie acquise à la jeune cantatrice ne fut pas éphémère car, dix ans plus tard, l'auteur de *Foyers et Coulisses*, Jacques ARAGO, écrivait ceci, au chapitre Opéra-Comique :

« Nous mettions sous presse et nos vêtements étaient en deuil pour un départ ; les voilà couleur de rose ; Mlle DARCIER nous revient, c'est-à-dire la grâce, l'élégance, la coquetterie, le drame avec ses larmes, le sourire avec ses enivrements... tout le passé se réveille, salut à Mlle Darcier » (1).

Dans son supplément à la *Biographie Universelle des Musiciens*, de FÉTIS, M. Arthur POUGIN a noté aussi le souvenir de cette artiste qui, dit-il, « s'était fait remarquer, pendant une dizaine d'années, par un talent aimable et plein d'une gracieuse originalité », qui avait « conquis les sympathies du public, grâce à la fraîcheur de sa voix et à son double talent de comédienne et de chanteuse ».

Revenons au frère, à notre « Frédérick » de banlieue. L'art dramatique était pour lui le gagne-pain. Le rêve, l'idéal, c'était la musique.

Ses dispositions musicales avaient attiré l'attention du compositeur DELSARTE qui était organiste d'une église où le jeune LEMAIRE chantait parfois dans les chœurs. Ce fait est-il exact ! ou la connaissance se fit-elle plus tard ? Nous ne prenons pas parti entre ces deux assertions.

Quoi qu'il en soit, l'excellent professeur s'intéressa complètement à son élève et lui enseigna tous les secrets de son art. Plus tard, le maître dira, en parlant de DARCIER : « C'est la plus riche organisation musicale que je connaisse ».

---

(1) Mlle Gabrielle DARCIER, devenue Mme Mamignard en 1850, avait quitté le théâtre après son mariage. Au commencement de 1852, elle revint à l'Opéra-Comique créer un rôle dans *Le Carillonneur de Bruges*, d'Albert Grisar. Elle se retira définitivement, quelques mois après (août 1852), et mourut le 16 mars 1870.

En attendant, et pour payer son professeur, en partie du moins, Darcier se fit son répétiteur, tout en travaillant la composition.

Vers 1846, l'éditeur Flaxland, publia la première œuvre musicale de Joseph Lemaire-Darcier : « Le Preneur du Roi », chanson dont les paroles étaient dues à Eugène Imbert. D'autres suivirent dont, toutefois, la vente était d'un produit insuffisant pour que l'auteur en puisse vivre exclusivement.

Les planches de banlieue abandonnées, il lui fallut tenir le piano dans les diverses goguettes en vogue à cette époque.

Darcier à l'Estaminet Lyrique (1848-49).

C'est dans l'une de ces goguettes, présidée par le joyeux Simon Blondel, de la *Lice Chansonnière*, au Café Viaut, 18, faubourg Saint-Martin (la *Lice* se réunissait au 22, Café de Charleville), que les frères Lionnet, âgés alors d'une quinzaine d'années, eurent l'occasion de le connaître et la chance de le voir s'intéresser à eux. Une pièce de cinq francs payait, chaque soir, le triple talent de Darcier accompagnateur, chanteur et compositeur ! ! !

C'est aussi dans ce petit café-chantant qu'un acteur des Variétés, Romand, enthousiasmé par le talent de Darcier, n'hésita pas à fonder, pour produire notre artiste devant un public mieux choisi, un établissement nouveau : *L'Estaminet Lyrique*, dont la salle était à l'entrée du passage Jouffroy, au 1er étage.

Là, devant un auditoire plus difficile, le succès de Darcier fut prodigieux. Il interprétait les œuvres de Pierre Dupont : « Le Pain », « La Vigne », « Les Louis d'or », qu'il fit applaudir de tout Paris. Plus tard, il produisit aussi des chansons dues à d'autres auteurs : Gustave Mathieu, G. Nadaud, Charles Vincent, Edouard Plouvier, Charles Gille, etc.

Mais il resta l'interprète idéal de Pierre Dupont et de Mathieu. M. Jules Claretie l'a constaté depuis : « Pierre Dupont, c'était Darcier (1) qui le chantait de sa voix forte et brave ; Nadaud, ce sont les Lionnet, de leur art fait de nuance et de goût. »

Avec la chanson du *Pain*, notamment, Darcier avait un succès considérable. Il la lança en bravade, un soir, à quelques officiers de l'état-major de Changarnier qui avaient envahi l'*Estaminet*. Mais il obtint un effet contraire à celui qu'il espérait de sa provocation. Enthousiasmés par le talent du chanteur, les officiers furent les premiers à applaudir bruyamment !

Néanmoins, la police avisée de ce qui se passait à l'*Estaminet*, se vengea de l'artiste applaudi sur le directeur Romand. Elle fit fermer son établissement pendant toute une semaine.

La vogue de Darcier, à l'*Estaminet Lyrique*, dura plus

---

(1) Ses plus caractéristiques succès, Darcier les trouva avec « La Vigne », « Les Bœufs », « Les Louis d'or », « La Musette », « La Trente-Deuxième », « Jean Raisin » et ces admirables et fougueux couplets du « Pain », vraie Marseillaise de la faim : « Car c'est le cri de la nature, il faut du pain, il faut du pain ! » que la légende dit avoir été chantés par l'auteur lui-même, Pierre Dupont, en plein salon du Jockey-Club, un soir de l'hiver 1847, à la stupéfaction frissonnante de son auditoire ». — Tancrède Martel (*Les Cafés-Concerts d'autrefois*, « Figaro Illustré »).

de deux ans ; elle le suivit à *La Fraternité*, salle Martel, où il créa le « Jean Raisin », de Gustave Mathieu :

Collection H. Bachimont

Finale de la chanson : *Jean Raisin*

d'après le manuscrit original de Darcier (réduction au quart)

Après un court engagement au théâtre des Variétés, Darcier voyagea. Il alla se faire applaudir en Belgique, à Lyon, à Marseille, au Havre, etc. C'est très probablement de cette époque, au début de l'Empire, que datent les deux lettres ci-après dont les originaux font partie de notre collection :

(sans date.)

Mon cher Arsène,

Vous pouvez toujours compter sur moi. Je suis à Lyon en train de donner quelques représentations au théâtre des Célestins, après quoi je redeviens votre pensionnaire.

A bientôt donc,

Votre ami et tout dévoué.

DARCIER.
Hôtel des Trois Faisans, à Lyon.

La deuxième venait de Marseille (1) ;

(sans date.)

Mon cher Arsène,

Je suis encore à Marseille pour deux mois, août et septembre. Je resterai davantage, s'il y a lieu, car j'y gagne plus d'argent qu'à Paris. Il m'est donc impossible de dire l'époque de mon retour.

D'autre part, j'ai des affaires de théâtre en train à Paris, tout cela ne se décidera que tard et m'empêchera de disposer de moi. Vous voyez que je suis franc avec vous, je suis trop votre camarade pour vous lanterner avec des promesses par à peu près.

Je ne dis ni oui, ni non, je vous conte mes affaires, vous êtes trop intelligent pour me savoir mauvais gré de ma franchise.

Au revoir, je vous serre la main.

DARCIER.
rue de la Darce, 21.

De retour à Paris, notre voyageur se fit entendre dans quelques établissements, tels que le *Café de France*, *Le Moka*, rue de la Lune et celui de *La Géante*. OFFENBACH l'engagea ensuite dans la troupe d'ouverture des *Bouffes-Parisiennes* (1855). De là, le grand chanteur passa au *Casino* du Palais-Royal.

Enfin en 1857, au théâtre *Beaumarchais*, il joua « L'Enfant du Tour de France », de Ch. VINCENT et LERMITTE dont il avait composé la musique. Il y chantait à merveille

---

(1) Le « cher Arsène » de ces lettres devait être l'ancien acteur de ce nom devenu, vers 1853, deuxième régisseur du Théâtre Lyrique, boulevard du Temple.

Arsène avait fait partie, lui aussi, des troupes ambulantes des frères Seveste. En 1844-45, il jouait à Montparnasse pendant que Darcier était aux Batignolles. Jules Seveste dirigeait le Théâtre Lyrique depuis le 4 avril 1852 — succédant à son frère Edmond qui avait obtenu le privilège en 1851 — Il avait placé Arsène, qui ne jouait plus, dans l'administration dudit théâtre.

« La Ronde des Compagnons » et « La Vieille Chanson ».

Un grand succès accueillit cet ouvrage qui, dit encore
M. L.-H. Lecomte, reste « l'œuvre musicale la plus considérable de Darcier » et dont Meyerbeer disait : « M. Darcier
a dépensé là, la monnaie d'un opéra ».

Litho de G. Donjean.   M. Labbé, éditeur, Paris.

DARCIER
Chantant la *Ronde des Compagnons*
dans *L'Enfant du Tour de France* (Théâtre Beaumarchais)

Le compositeur de « L'Enfant du Tour de France »
était enfin connu de tout Paris, de la province et de
l'étranger, son talent apprécié par des admirateurs passionnés, et.. dénigré non moins vivement par d'autres cri-
tiques.

Déjà, lors des représentations à l'*Estaminet Lyrique*, notre artiste avait occupé les courriéristes des journaux d'alors (1).

Hector Berlioz écrivait, au sujet du compositeur : « Darcier est certainement un bon musicien, nonobstant l'habitude qu'il a prise de traiter la mesure et le rythme à grandissimes coups de pied, on le voit quand il se met au piano et à la manière hardie avec laquelle il désarticule une mélodie. »

Quant à l'interprète, le rédacteur de l'*Illustration* le dépeignait ainsi (avril 1849) :

« Il s'appelle Darcier, il est le frère de la cantatrice, et il se fait entendre à l'Estaminet Lyrique. Telle est sa légende, réduite à sa plus simple expression, et d'une réalité aussi peu contestable que le portrait ci-joint ; mais au bout de ce renseignement vulgaire le roman commence ; et il faut bien entrer dans le domaine du fantastique. Ce n'est plus seulement un artiste, et encore moins un homme, que vous avez sous les yeux. C'est un vrai diable de l'incarnation la plus poétique. Il parle, il déclame, il gesticule, il chante surtout avec une profondeur de sentiment si extraordinaire et une passion si vraie, que l'auditeur se sent emporté comme Mazeppa sur le coursier ardent et sans frein. On dirait que ce chanteur étrange et ce plus étrange comédien n'a eu d'autre maître que son propre instinct ; il s'abandonne à ses inspirations avec l'ardeur, le sans-gêne et la fougue d'un improvisateur, c'est le bohémien dramatique et musical. Ses chants sont modulés sur un rythme qui n'a aucun nom dans les langues humaines ; l'éclat de rire se mêle aux sanglots, et la corde de la tendresse y résonne aussi distinctement que celle de la passion folle.

.....Vous comprenez maintenant pourquoi Darcier fait

____

(1) « Jules Janin est, à plusieurs reprises, venu au Théâtre « Beaumarchais pour lui entendre chanter « La Ronde des Com- « pagnons » et « La Vieille Chanson » ; pour les personnes qui « savent ce que coûtait un pareil voyage au pauvre goutteux, sa « présence n'était pas un mince éloge à l'adresse de Darcier ». Charles Vincent : « La Chanson Française », n° du 12 novembre 1876.

L'Estaminet Lyrique du Passage Jouffroy

fureur à l'*Estaminet Lyrique* ; les meilleurs artistes et les plus mélodieux sont allés l'entendre. Il paraît, et, aussitôt tombe le murmure de la salle ; les buveurs s'arrêtent ; les fumeurs cessent de tourmenter leurs pipes : les promeneurs sont invités à s'asseoir et à consommer cette mélodie qui enchaîne jusqu'à l'activité des garçons de café. C'est ainsi que devant cette apparition et au milieu de cette atmosphère de fumée, de bière, de rhum, de mélodies sauvages et de notes étincelantes, on peut rêver quelqu'un de ces tableaux dont HOFFMANN émerveille ses lecteurs. » — Ph. B.

Les autres documents que nous avons sous les yeux, nous ramènent vers 1859. Voici deux reçus concernant la vente de trois chansons intitulées : « Garibaldi » et « La Délivrance » (paroles de Charles VINCENT) (1) ; « Le Départ » (paroles de Fernand DESNOYERS).

Voici le premier :

« Reçu de M. Bouju la somme de trois cents francs, moyennant laquelle somme nous lui cédons en toute propriété (sauf l'édition du commerce de musique que nous nous réservons pour la vendre 1 franc), les deux chants intitulés *Garibaldi* et *La Délivrance*, avec les chants et accompagnement de piano, par J. Darcier, étant expliqué que M. Bouju aura le droit de se servir : 1° des eaux-fortes pour faire l'illustration de ces chants, par Valentin ; 2° et aussi qu'il pourra prendre la musique de *La Délivrance* pour la publier avec les *Zouaves*, lui appartenant.

Paris, 29 juin 1859

Contresigné : Charles VINCENT.

Signé : DARCIER.

Le prix de vente est plus élevé dans le deuxième reçu donné au même éditeur :

---

(1) « Le chanteur préféré de Charles Vincent, c'est Darcier, celui que Luchet a appelé un grand artiste du chant et de la mu- « sique. Il admirait son art et sa physionomie ; il savait — ce que tout le monde ne sait pas — que Darcier est l'un de nos musiciens « les plus érudits, qu'il connait tous les auteurs anciens et modernes, « et qu'il est un de nos plus féconds compositeurs ».

Charles Coligny. — La Chanson Française, 1ᵉʳ Juin 1874.

« Reçu de M. Bouju la somme de deux cents francs pour la
chanson *Le Départ*, les paroles et la musique comprises.

Le 20 juin 1859.

Signé : DARCIER.

Approuvé l'écriture ci-dessus.
Signé : Fernand DESNOYERS.

DARCIER
Portrait-charge par H. ADOL (1859)

Quelques jours plus avant, le dimanche 8 mai 1859,
le journal satirique *Le Gaulois* — dans le nº qui annonçait

ʌa suspension de cette publication, — donnait le portrait-charge de Darcier par H. Adol, accompagné d'une longue notice signée : *Détouche.*

Il nous faut puiser aussi à cette source parce que l'auteur de cette notice s'était donné la peine de chercher et de comprendre pourquoi « un simple chanteur d'ariettes avait pu, pendant douze ou quinze ans, dans une ruche comme Paris, solliciter l'attention », alors que ses rivaux ne pouvaient « fournir sur les planches de la Capitale qu'à une courte apparition, surmenés, fourbus, *couronnés* qu'ils sont par quelques années, souvent aussi quelques mois d'exercice. »

Le résultat des réflexions de notre biographe est très intéressant :

« Pour émouvoir en chantant, il faut une belle voix, s'accorde-t-on à dire généralement ; pour émouvoir en chantant, il faut une intelligence méthodique, démontre Darcier. Selon lui, ce n'est pas de la tête ou de la poitrine, ou bien encore du nez qu'on chante, comme le font quelques-uns, mais des yeux, des mains, des plis du front, des bottes au besoin, suivant son mot intime.

C'est sur cette manière de voir, qui pourra paraître paradoxale, que Darcier a édifié un système, d'ensemble et de détails, fort irrésistible, *empoignant.*

S'attachant, dans son art, au côté toujours sacrifié par ses confrères : la diction, puisqu'il faut l'appeler par son nom, il s'en est forgé un levier avec lequel il soulève des effets surprenants.

Or, sa diction consiste dans la justesse d'intonation qu'il donne à chaque mot, dans une connaissance approfondie de la valeur et des propriétés relatives de chacun d'eux. C'est là sa force, ou plutôt c'est avec cela *qu'il fait la force* d'un volume de voix considérable et d'un entrain nerveux.

Darcier ne livre rien au hasard ni à l'inspiration sans contrôle ; jamais on ne le surprendra journalier comme les chanteurs vulgaires. Il méprise l'à-peu-près, le chic qui leur fait sauver habilement les difficultés, qui en fait d'adroits tricheurs. Il repousse le bénéfice de ces transports factices qui ne justifient rien, que rien ne justifie et dont la

petite chaleur anime mal une composition. Il les évite aussi
parce qu'ils sont toujours en dehors de la réalité et qu'ils ne
sauvent des sifflets qu'au profit de l'indifférence ; en un mot,
il n'admet pas la spontanéité. Il veut exciter l'émotion,
mais sans l'éprouver lui-même, pour en mieux rester le
maître. Il pense avec raison que l'effet de l'art dramatique
ne doit pas être une transpiration contagieuse, mais une
sensation agréablement communiquée.

Collection A. Patay.

DARCIER

Aussi cette sensation que cause la première lecture
d'un poème, et qui est la vraie, au lieu de chercher à l'ima-
ger dans ses impressions, qui pourraient se modifier suivant le temps ou la mémoire, il la fixe dans son esprit par
l'analyse et la retrouve par le mot à mot dont il s'inspire
dans la recomposition.

C'est ce qui fait qu'il est toujours prêt, toujours sûr de lui ; c'est ce qui fait qu'on peut toujours le vanter, l'affirmer à un auditeur nouveau. Sa voix peut le trahir, son imagination peut être paresseuse ; il saura chanter cependant, et le résultat de l'étude, indélébile chez lui, se manifestera quand même. Il sera moins complet, je le veux bien, mais il ne dépendra jamais d'un rhume et se différenciera encore nettement de ses compétiteurs dans ses plus mauvais jours, parce qu'il est penseur, comédien, diseur, avant d'être chanteur.

C'est à une analyse logique, à un travail grammatical pour ainsi dire, qu'établit préalablement DARCIER sur une œuvre, qu'il doit cette fermeté, cette puissance d'effets, — entraînants, quelque hargneux qu'on ait l'esprit, — délicieux quand on est connaisseur.

Là est le secret du grand comédien. Là est le secret d'où dépend la royauté de l'artiste, d'où proviennent ses succès à la Bossuet, qui font se lever frémissants et incapables d'applaudir quinze ou dix-huit cents spectateurs attérés.

Que d'autres l'ignorent, qu'ils gonflent outre mesure certains mots, parce qu'ils sont déjà ronflants, tandis qu'ils en récitent d'autres comme pour compléter la phrase ; qu'ils se démènent, qu'ils doublent de leur fureur postiche, de leur laideur ridicule ou de leurs grâces mignardes la pensée de leur auteur, ils n'arriveront qu'à faire un dévoiement dans leur art, ou à porter sur les nerfs de l'auditoire.

DARCIER s'imposera donc, je ne dis pas tant qu'il aura de la voix, mais tant qu'il jouira de sa raison et de sa sagacité dramatique.

DARCIER est le désespoir des chanteurs ; beaucoup d'entre eux, tourmentés de ses succès, quoique doués d'une voix incomparablement plus belle que la sienne, ont inutilement tenté de marcher sur ses traces, de s'assimiler sa manière. Ils sont parvenus à imiter quelques unes de ses notes, c'est-à-dire ce qu'il a de moins bon qu'eux, mais jamais ils n'ont pu s'élever à la hauteur d'expression de son talent, de sa maëstria. »

— On nous excusera cette longue citation. Nous n'avons pu nous résoudre à l'écourter parceque, sans faire entièrement nôtres les théories approuvées par M. DÉTOUCHE,

nous estimons que beaucoup d'artistes de nos jours pour-
ront trouver là, d'utiles indications, et parce que nous
pensons que le public contemporain nous saura gré d'in-
citer ces artistes à soigner leur diction afin que ce bon

Collection *H. Bachimont.*

Fac-similé d'une lettre de DARCIER à CH. BRIDAULT.

public, dont nous sommes, puisse enfin comprendre quelques
mots de ce qu'ils chantent.

.·.

Nous avons encore deux autographes de DARCIER, deux
lettres, malheureusement non datées non plus, mais dont le
texte permettrait, après quelques recherches sommaires, de

fixer assez facilement au moins le mois de leur suscription. La première a dû être écrite quelques semaines après la création des *Danicheff*, à l'Odéon, le 8 janvier 1876.

> Mon cher BRIDAULT
>
> Je te serais bien obligé si tu pouvais me donner deux places pour *Les Danicheff* que je n'ai pas encore vus. Il y a peut-être trop longtemps que nous ne nous sommes rencontrés, tu ne me connais plus !
>
> A toi_
>
> DARCIER,
> L'ancien *Roi de la Gaudriole.*

(C'est sans doute en allusion au rôle de Darcier dans Le *Roi de la Gaudriole* (1), que fut dessinée la carte à jouer que nous reproduisons ci-contre).

Notre deuxième missive nous parait un peu plus ancienne. Elle était adressée, certainement, à l'un des trois directeurs du Vaudeville (Roger, Raymond Deslandes et Ern. Bertrand), où Mme ALEXIS (2) jouait un rôle dans la reprise de la Comédie d'Octave FEUILLET (1875) :

---

(1) Charles BRIDAULT était l'un des auteurs, (avec Amédée de JALLAIS et Alexandre FLAN, des *Poètes de la Treille* opérette, musique de DARCIER, jouée aux Délassements Comiques en 1857.

Le *Roi de la Gaudriole*, un acte extrait des *Poètes de la Treille* fut créé par DARCIER, le 1ᵉʳ juin 1858, au théâtre des Folies Nouvelles.

(2) Dans les *Souvenirs* du comédien Bouffé, publiés chez Dentu en 1880, nous relevons ce passage en l'honneur de Mme Alexis :

« Partis de Paris le 1ᵉʳ juin 1839, nous arrivâmes le 4 à Bordeaux. Je savais retrouver mes amis Pastelot chez lesquels nous logeâmes pendant notre séjour...

Mme Alexis tenait l'emploi de jeune première au Grand Théâtre, où elle obtenait de légitimes succès. Je l'y ai vu jouer Célimène du « Misanthrope », et Elmire de «Tartuffe» d'une façon remarquable ; son jeu, sa diction sentaient la bonne école. On sera convaincu de ce que j'avance, quand on saura que c'est la même dame Alexis qu'on applaudit chaque jour au Vaudeville, où, dans de nombreuses créations, elle se montra tour à tour originale, vraie, spirituelle et surtout distinguée ; c'est encore une de nos comédiennes hors ligne

J'allais oublier sa belle création de l'*Aïeul* au théâtre de l'Ambigu ; elle y était tout bonnement admirable (1863).

Pastelot, son mari, jouait les jeunes premiers au petit théâtre, Il ne manquait certes pas d'intelligence, mais il était loin d'avoir le talent de sa femme. »

— En février 1877, Mme Alexis créa un rôle au *Vaudeville* dans la pièce de Sardou : *Dora.*

Monsieur,

J'ai l'honneur de solliciter de votre bienveillance l'autorisation de faire jouer, à mon bénéfice, Mme ALEXIS, dans le 1er acte du « Roman d'un jeune homme pauvre », concuremment avec FEBVRE et MUNIÉ, dimanche, à Cluny, de 1 heure à cinq heures de l'après-midi le 27 courant.

Indisposé quoique jouant tous les soirs, je prends la liberté de vous écrire au lieu de vous faire ma demande de vive voix comme je le devrais.

Veuillez m'excuser et croire aux regrets de votre très dévoué et très obéissant serviteur,

DARCIER
103, rue Lacondamine, Batignolles

Collection H. Bachimont.

LE ROI DE TRÈFLE (DARCIER)
Fac-simile d'une carte à jouer coloriée.

Ces deux pièces voisinent, dans notre dossier, avec deux morceaux de musique manuscrits et de la main du compositeur. L'un est une copie, signée, du *Jean Raisin* (paroles de G. MATHIEU), l'autre une copie de la chanson « Partie de Campagne ».

Nous avons aussi un exemplaire d'un curieux chant de guerre sans paroles : « La Chasse du Peuple », exemplaire qui est celui que l'auteur avait offert à Gustave NADAUD. Il porte cette dédicace : « A mon bon camarade et collaborateur Gustave Nadaud, Darcier ».

Joseph DARCIER, avait collaboré assez fréquemment, en effet, avec l'auteur des « Trois Hussards ». NADAUD lui doit la musique d'une vingtaine de chansons : « L'Aimable Voleur », « Est-ce tout ? », « Le Souper de Manon », « La Kermesse », « Les Ecus font des Enfants », « Les Amants d'Adèle », « Chauvin », « Les Gros Mots », etc., etc.

Mais, comme nous le disions au début, le talent plus discret des frères LIONNET convenait mieux pour interpréter la muse un peu bourgeoise du chansonnier de Roubaix.

Pour DARCIER, ses poëtes étaient Pierre DUPONT et Gustave MATHIEU déjà nommés, ainsi que Charles GILLE « Le Bataillon de la Moselle », « Marche de la 25ᵉ » ; Alexis BOUVIER « La Canaille », « Versez-moi du vin bleu » ; J. B, CLÉMENT « Fournaise », « Quatre-vingt-neuf » ; Charles VINCENT, « La Chanson Française », « Les Fils du soleil » ; Edouard-HACHIN « La Tour St-Jacques » ; Edouard PLOUVIER (1) « L'Ami Soleil », « Le Chevalier Printemps ».

Il collabora aussi avec Théodore de BANVILLE, H. MURGER, F. BÉRAT, BARILLOT, DESFORGES DE VASSENS, MAHIET DE LA CHESNERAYE, L. FESTEAU, Elisa FLEURY, Ch. COLMANCE, Eugène IMBERT, René PONSARD, BURANI, BAILLET, RUBOIS, VILMAY, etc., etc., c'est-à-dire avec tous ceux des chansonniers ses contemporains ayant un nom dans le monde des rimeurs de couplets.

C'est à l'un de ces rimeurs, Henri RUBOIS (2), que DAR-

---

(1) « Darcier n'eut-il fait que la musique du « Livre du Bon « Dieu », d'Edouard PLOUVIER, que cela suffirait pour le classer « parmi les compositeurs d'élite de notre temps ». Charles VINCENT. La Chanson Française, article déjà cité.

(2) Henri RUBOIS, dessinateur-lithographe, né à Paris, rue d'Angoulême, fin octobre 1835, mourut à la maison Dubois, le dimanche 29 mai 1881. Il fut reçu membre de la *Lice Chansonnière*, le 14 mai 1873. Admis au *Caveau*, comme membre associé, le 30 juillet 1875, il démissionna le 31 janvier 1879.

cien dut les paroles d'une chanson qui fit scandale en son temps : *Faites des enfants!* (1). C'était un appel vibrant à la repopulation qui, aujourd'hui, serait ressassé par tous les phonographes et gramophones de la création, mais qui, alors, éveilla toutes les susceptibilités de la Censure. Cette

FAITES DES ENFANTS !

CHANSON

Paroles de Henri Rubois.　　　　　　　　Musique de J. Darcier.

A. Patay, éditeur, Paris.

chanson fut rigoureusement interdite pendant de longues années et Thérésa qui la chantait crânement, dans les soirées privées, ne put la faire applaudir que bien plus tard par le public de l'*Alcazar d'Hiver* dont elle était l'enfant

---

(1) Darcier vint chanter *Faites des enfants!* au diner du Caveau du 7 juin 1873. Il interpréta aussi, ce soir-là, *La Vieille Chanson* et *Victor, t'as tort.*

Le 4 octobre suivant, il revint encore diner chez les Cavistes.

gâtée. Mais la diva populaire qui se frappait énergiquement les flancs en lançant le refrain :

> Faites des enfants !...
> On a besoin d'hommes !
> Voici le Printemps....
> Faites des enfants !

se garda bien, elle-même, d'utiliser le conseil !

Au théâtre, les librettistes de DARCIER furent : DUFOUR « Le Serrurier », de JALLAIS et FLAN « Le Dragon des Espérides », BAUBY « Fleur d'Amour », DEULIN « Pornic », COUAILHAC et RENARD « Ah ! le Divorce », Alexis BOUVIER « Les Amours de la Chanson », Bernard LOPEZ, « Pendant le Siège », etc., etc.

Il est donc facile de constater que Joseph DARCIER était un grand travailleur. Son œuvre est considérable si l'on considère que ses compositions variées et si nombreuses, ne l'empêchaient pas de mener de front une triple existence d'interprète, d'accompagnateur et de professeur, de passer au moins quatre heures par jour à son piano, d'étudier sans cesse.

*
* *

Malgré ses dons artistiques de premier ordre, malgré sa rare originalité, et certainement à cause de tout cela, Joseph LEMAIRE mourut, en 1883, moins que riche.

Déjà, en décembre 1878, M. L.-Henry LECOMTE que, décidément nous mettons beaucoup à contribution, faisait cette pénible constatation :

« Le temps a raison de toutes les fougues ; Darcier se contente aujourd'hui d'être un compositeur admirable, un professeur irrésistible, un diseur exquis. L'intelligence et la bonté rayonnent dans son large regard où l'on a voulu surprendre de la rancune, où nous ne lisons, nous, qu'une mélancolie bien motivée par l'injustice du sort. Car, nous terminerons par cette constatation brutale et triste, — en dépit de sa haute valeur, reconnue par les princes de l'art et de

la critique, Darcier n'a jamais occupé de position bien lu-
crative, et c'est un vif chagrin pour les poètes de voir, au
seuil de la vieillesse, cette grande physionomie de la vraie
chanson lutter encore avec les difficultés de la vie. »

Collection H. Bachimont.   Litho. de H. Mailly

DARCIER et THÉRÉSA
dans la Revue de la Porte Saint-Martin (1867)

Darcier ne devait-il pas, alors, quand les leçons man-
quaient, se faire placier en vins ?

Deux ans plus tard, vers 1880, la situation s'était aggravée, la vieillesse avait appelé à son aide la paralysie.

Heureusement pour le fier chanteur, des amitiés s'émurent d'une telle situation. Deux grands artistes, J. B. Faure, de l'Opéra, et Coquelin aîné, de la Comédie-Française, se mirent à la tête des amis de Darcier et organisèrent une représentation à son bénéfice, dont le succès, avec deux tels protagonistes, était assuré d'avance.

La *Chanson Illustrée*, dans son numéro du 13 février 1881, publiait l'avis suivant :

« La représentation organisée par MM. Faure et Coquelin, au bénéfice de Darcier, aura lieu jeudi prochain 17 février, au Théâtre de la Gaieté. Nous en donnons plus loin le superbe programme. La *Chanson Illustrée* pour prendre part à cette manifestation sympathique, remet sous les yeux du public le portrait de l'artiste populaire, accompagné de notes extraites de la très complète étude biographique publiée par son rédacteur en chef, dans la livraison datée du 1er décembre 1878. Ad. Patay. »

La matinée eut lieu au jour dit et le programme réunissait des noms glorieux, célèbres ou populaires : J. B. Faure, V. Capoul, Coquelin aîné, Maubant, Garraud, Dumaine, Silvain, Coquelin cadet, Geoffroy, Lheritier, Pellerin, Numès, les frères Lionnet, Morlet ; Mesdames Barretta, Bianca, Lemercier, Rosine Bloch, Céline Montaland, Rousseil, Judic, Thérésa.

Faure chanta *La Guerre et l'Humanité*, page inédite de Darcier, une autre mélodie et un duo avec Rosine Bloch.

Pendant que les bravos emplissaient encore la salle entière, Darcier ému au plus haut point par l'art impeccable du célèbre baryton qui rentrait dans la coulisse, ne put que que lui sauter au cou en lui disant, tout en pleurs : « N... de D..., tu es toujours aussi épatant ! »

Ce cri du cœur, peu banal, dut toucher Faure plus qu'aucun autre éloge.

Capoul fit applaudir les *Doublons de ma ceinture*, Morlet le *Bataillon de la Moselle*, et Thérésa la *Tour Saint-Jacques*.

Coquelin aîné déclama l'ode *A la Chanson* :

O toi, délire et fantaisie,
Fille de la rime, Chanson,
Qui du vin de la poésie
Es la bacchante et l'échanson ;

Chanson, qui sur les fronts sévères
Poses en riant ton orteil,
Déesse qui remplis nos verres
De pourpre vive et de soleil...
. . . .

composée spécialement pour la circonstance par Théodore

Cliché A. Patay

DARCIER

de BANVILLE et qui se terminait ainsi, tout en l'honneur du grand chanteur vieilli :

Chanson, qui bondis sur Pégase,
Le cheval sans mors et sans frein,
Combien de rimeurs en extase
Se sont grisés à ton refrain !

Mais, en ce temps, où la musique
A dénoué tes bras d'acier
Avec son ivresse physique,
Ton plus cher amant fut Darcier !

Comme dans les bois un satyre
Prend une nymphe au cou nerveux
En riant de son doux martyre,
Et l'empoigne par les cheveux ;

Comme il la tient d'une main ferme,
En appuyant un dur genou
Sur sa jambe nue, et lui ferme
La bouche, avec un baiser fou ;

O Déesse toujours éprise
De la large coupe où tu bois.
Chanson ! c'est ainsi qu'il t'a prise
Dans le doux silence des bois.

Et depuis cette aube première,
Affrontant les sots châtiés,
Ivres de joie et de lumière,
Voix fraternelles, vous chantiez !

Tu disais à ce bon rapsode :
« Quittons ce monde, viens nous en » ;
Et, fuyant le joug incommode,
Darcier fut peuple et paysan !

Car son chant d'amour et de joie,
En quête d'un eldorado,
Se penche vers quiconque ploie
Sous un trop injuste fardeau ;

Et parfois dans son ode étrange,
Mais qui rêve à des cieux meilleurs,
La douce Pitié, comme un ange,
Laisse entrevoir ses yeux en pleurs.

Combattant pour la cause juste,
Darcier chanta pendant trente ans,
Ferme comme un chêne, et robuste,
Et jeune comme le printemps.

Mais enfin, avec sa brûlure,
Vient l'âpre, le cruel Hiver !
Il neige sur la chevelure
De ce gai chanteur à l'œil clair.

Collection A. Patay

DARCIER

O Paris ! sourire et poème,
Ville de l'éblouissement,
Accorde à cette heure suprême,
Un dernier applaudissement,

A l'humble rapsode, à ce maître
Qui le donna, jadis vainqueur,
Toute la flamme de son être,
Avec tout le sang de son cœur!

THÉODORE DE BANVILLE.

Tout se passa admirablement et, le 27 Février, la *Chanson Illustrée* pouvait revenir sur cette fête artistique exceptionnelle par la note que voici :

« Cette représentation. superbe en tous points, a produit plus de 22.000 francs avec lesquels les organisateurs ont constitué à *Darcier* une rente viagère qui le met à l'abri du besoin ».

Les derniers soirs de Joseph LEMAIRE étaient désormais sauvegardés grâce à la solidarité vraie du monde artistique de cette époque. Que J.-B. FAURE, seul survivant des organisateurs, soit encore remercié de sa bonne action ! Que MM. CAPOUL et SILVAIN, ainsi que Madame BARRETTA, soient encore félicités chaleureusement du précieux concours qu'ils apportèrent à J.-B. FAURE !

Nous devons faire remarquer que les frères LIONNET tinrent à remplir deux numéros de ce magnifique programme. Ils chantèrent un duo : *Les Etudiants Espagnols* et, avec THÉRÉSA, le *Trio de Lulli*. Les LIONNET n'avaient pas oublié, plus de trente ans après, que DARCIER avait favorisé leurs débuts et que c'était lui qui les avait recommandés à son propre maître, le compositeur DELSARTE.

Anatole LIONNET, qui rimait aussi à ses moments perdus, — n'était-il pas, depuis l'année 1874, membre du Caveau dont les recueils contiennent une douzaine de ses œuvres? — exerça sa muse en l'honneur de son premier protecteur resté son ami.

Il en fit le portrait suivant, que la *Chanson Illustrée* publia le 20 février 1881, auquel le voisinage, ici, de l'ode superbe de BANVILLE est un peu préjudiciable, mais qui donne, tout au moins, un écho sincère de la considération dont Joseph LEMAIRE jouissait dans les milieux artistiques de son époque.

DARCIER

Un visage bronzé, d'un mâle caractère ;
Le sourcil relevé, la bouche fine et fière ;
Un torse vigoureux et des muscles d'acier :
Tel est physiquement le portrait de Darcier.
Son front large, inspiré, son œil noir plein de flamme,
Révèlent un penseur, une noble et grande âme !
Compositeur profond au fier tempérament,
Ce qu'il crée est toujours exquis de sentiment.
Comme il traduit l'amour, la joie et la souffrance !
Avec quel souffle ardent il a chanté la France !...
Dans cet hymne terrible intitulé : *Le Pain,*
Il était effrayant quand il disait : « J'ai faim ! »
Qui peindra comme lui l'ivresse et sa folie ?
Nul n'a plus de finesse ou de mélancolie.

Collection H. Bachimont

LES FRÈRES LIONNET

Madeleine, Chauvin, Les Gabiers, Le Fileur,
Mai, La vieille Chanson et *La première Fleur ;*
Le Fou de la Bruyère et *La Sainte Bohême.*
Les Cloches, Jean Raisin, Le Printemps veut qu'on aime,
L'ami Soleil, La Mer et *Le Beau Nicolas.*
Tableaux sombres ou gais dont on n'est jamais las,

Ces morceaux si divers, mais tous remplis de charmes,
Nous montrent de ce cœur le sourire ou les larmes !
Par son style puissant il rappelle Schubert ;
Il nota plus d'un chant qu'eut signé Meyerbeer.
Gounod, qu'émerveillait sa tendresse infinie,
Un jour s'est écrié : « Darcier a du génie ! »
Ce grand comédien trouble les connaisseurs ;
Sa voix a par moments d'ineffables douceurs !
Ses inspirations souvent sont admirables.
Nul ne trouva jamais d'accents plus formidables,
Plus de mâle énergie et de noble fierté
Pour chanter ton amour, ô Sainte Liberté !
Delsarte, ce Titan, le proclamait un maître ;
Il est de la Chanson le Frédérick Lemaître !

28 Mai 1879.

ANATOLE LIONNET.

Sa carrière artistique close sur un tel apothéose, rassuré sur son hiver, DARCIER, malheureusement, ne put jouir longtemps de cette tranquillité dernière. Moins de trois années après, en effet, la mort frappait à sa porte.

Le 22 décembre 1883, le vieux chanteur s'éteignait en son domicile, 14, rue Taylor. Et le dimanche 23, à 11 h.3/4, après une cérémonie en l'église St-Martin sa paroisse, une foule d'amis accompagnait sa dépouille mortelle au cimetière des Batignolles.

Que les visiteurs de ce champ du repos qui ont pu connaître DARCIER ne s'en éloignent pas sans s'être arrêtés un instant devant la tombe n° 18, 1re ligne de la 17e division, avenue du Nord, sans avoir salué celui qui dort là depuis trente ans révolus (1). Car sous cette pierre grise, reposent

---

(1) Cette tombe modeste reste complètement inaperçue du visiteur. Ne devrait-elle pas être ornée d'un buste ou d'un médaillon perpétuant les traits du célèbre chanteur ?

Le nom gravé sur la pierre : « Famille Lemaire ». est à peu près effacé, et rien ne rappelle le souvenir de l'artiste qui repose dans le caveau.

Cette concession à perpétuité (n° 752) avait été achetée en 1882, par Gabrielle Lemaire, fille de Darcier, qui y fut inhumée à son tour en mai 1903.

Madame Veuve Joseph Lemaire-Darcier, née Caroline-Eugénie Poisson, mourut en septembre 1889 ; Alcide Lemaire, son fils, décéda en août 1890. Ce dernier avait publié, en 1885, un volume de vers : *Garroche Poète.*

les cendres d'un homme dont le nom restera inscrit dans
les annales de la Chanson française, celle digne de ce nom,

DARCIER

Son dernier portrait (1880)

parce que c'est celui d'un musicien et d'un chanteur qui a
honoré et respecté au plus haut point cette forme immortelle

de notre poésie nationale, parce que c'est celui d'un artiste dont on a pu dire avec raison (1) :

« Son nom survivra désormais comme celui d'un initiateur, d'un précurseur. Il a créé un art, un genre populaire peut-être même populacier, mais un art dont l'esthétique rude et fruste n'a pas moins sa grandeur, ses raffinements, sa délicatesse. Les *Sapins* de Pierre Dupont valent un chant de Lamartine, et Darcier les chantait en poète. Il y a certainement une étroite parenté entre ces quatre moyens d'expression artistique : le poème et la musique de Dupont, le chant de Darcier, le crayon de Daumier. C'est la tribu des satiriques passionnés et rugissants des lutteurs toujours prêts à descendre dans l'Arène, le troupeau des lions à jeun. »

* *
*

Pour en revenir aux rigueurs de la fortune qui attristèrent la soixantaine de Darcier, et eussent pu devenir plus cruelles sans l'assistance de ses amis, nous devons une explication à ceux qui s'en étonneraient à juste titre parce qu'ils ont vu maintes fois des pitres, sans talent aucun, dilapider des sommes énormes ou se retirer dans leurs châteaux.

Ces rigueurs, disons-nous, étaient assez facilement explicables.

Toute sa vie, Darcier fut un *indépendant* doublé d'un *original*, c'est-à-dire qu'il eut à un haut degré les deux qualités qui, même à l'époque où il vivait, engageaient directement leur homme sur la route aboutissant à l'hôpital et qui, aujourd'hui, conduisent plus que jamais leur possesseur vers le même but : le lit n° 12 d'Hégésippe Moreau !

Pour la foule, l'artiste n'offre ordinairement d'intérêt qu'autant qu'il reste un amuseur. Elle ne le voit que dans ce rôle et lui permet difficilement d'avoir une autre attitude dans la vie privée. Il doit rester, jour et nuit, à la scène, à la ville, chez lui même, le baladin que le public daigne applaudir, après le dîner, s'il est drôle, s'il fait rire sans déranger la digestion inachevée.

---

(1) Tancrède Martel (Les Cafés-Concerts d'autrefois, article déjà cité).

Voilà pourquoi M. Détouche, ayant à parler de Darcier, mettait en épigraphe à son article cette boutade de Chamfort : « Le public !... le public !... combien faut-il donc de sots pour faire un public ? »

Mais ce biographe donnait un mauvais conseil à Joseph Darcier lorsqu'il lui disait :

« Vous êtes vraiment orgueilleux, M. Darcier ! et c'est aussi trop de témérité à vous d'avoir compté sur vos seules

DARCIER
Croquis d'Etienne Bellot

forces pour réduire la bêtise bourgeoise ; ce *n'est qu'au couteau qu'on l'entame.*

Ah ! ça vous ne comprenez donc pas que si Satan s'était dévotieusement prosterné aux pieds du Christ, ce dernier aurait eu la faiblesse d'en faire son premier archange ... Mais voilà bien le diable, il ne l'a pas voulu, M. Darcier.

A Dieu ou au diable ne plaisent que j'aie l'air de vous justifier, moi, votre fervent ! Non, c'est seulement un peu de bile que me fait faire, à l'occasion de votre talent si contradictoirement apprécié, l'inintelligente cohue qui laisse ramer tant de braves gens tels que Gavarni qui travaille encore et Alphonse Karr, qui est bouquetière. »

Comment M. Détouche voulait-il, qu'un artiste de quelque talent supérieur qu'il fut, puisse seul réduire « la bêtise bourgeoise » de son temps, *l'entamer au couteau?*.

Cela ne fut jamais possible qu'à un peuple en révolution, qu'au volcan populaire trop longtemps comprimé !

Encore, trois jours à peine après l'explosion, vit-on chaque fois tout s'apaiser, tout s'arranger,... et la bêtise reprendre promptement ses droits, comme auparavant.

Non, monsieur ! Darcier ne pouvait, rien changer à son sort. Il lui était impossible de modifier son caractère, il ne pouvait rendre plus souple son épine dorsale.

Il était, nous l'avons dit : original et indépendant et, par suite, ignorait tout à fait l'art savant des courbettes et des saluts, s'il connaissait, peut-être un peu trop, sa valeur personnelle.

Il n'est pas besoin de chercher ailleurs les mécomptes financiers de sa carrière (1). Là est le secret des déboires de cet enfant terrible qui avait conservé son rude franc-parler, un caractère fort désagréable, et, aussi, quelques habitudes de jeunesse.

A ce propos, on sait que Darcier était d'assez forte corpulence, qu'il avait, comme l'a rimé Anatole Lionnet :

> Un torse vigoureux et des muscles d'acier.

La force physique peu commune dont il était doué,

---

(1) Ses opinions avancées, qu'il ne dissimulait guère, lui firent perdre aussi, sans aucun doute, nombre de cachets et de leçons. Mais elles lui valurent ces quelques lignes d'éloges :

« Comme artiste et comme républicain, Darcier s'est fait le porte-voix de nos aspirations patriotiques, et a souvent interprété des œuvres où les revendications sociales étaient fortement accentuées...

« ..... Il réveilla les sentiments généreux et les passions noblement viriles de ce grand peuple dont il chantait les espérances et prédisait constamment le triomphe. »

And. Rops. (*La Chanson,* n° du 28 novembre 1880).

jointe à la pratique de plusieurs sports : escrime, canne, bâton, chausson, boxe, etc., qu'il avait dû exercer pour vivre dans ses périgrinations de comédien débutant, faisait de lui un adversaire redoutable.

Collection A. Patay

DARCIER
Portrait-charge par H. MAILLY

Chez lui, haltères et poids voisinaient avec le piano ; il ne laissait pas un jour sans se faire les muscles. C'est pendant l'une de ces séances quotidiennes de culture physique,

que Darcier reçut une visite qui ne se termina pas sans l'étonner quelque peu.

M. Victor Viaut, dans ses *Souvenirs*, en a donné cet amusant récit :

« Un jour, deux gentlemen sonnent à la porte de Darcier ; la clef était toujours dehors.

— Entrez, fait-il d'une voix de basse qu'il se plaisait à faire plus profonde quand il parlait à des inconnus.

Les deux personnages sont tout étonnés de voir l'auteur des *Doublons de ma ceinture* en manches de chemise, les bras nus, soufflant, jurant, luttant contre une haltère de la dernière série.

— Entrez donc, Messieurs, dit-il sans s'interrompre, qu'y a-t-il pour votre service? Ah ! la garce, ce qu'elle me fait suer...

— Monsieur Darcier ?

— C'est moi, en chair et en *eau*.

— M. le comte X... et moi, J. de C... donnons une soirée en notre hôtel, rue de Varennes, nous serions très honorés de votre présence.

— C'est à voir, M. le comte... Chose et votre ami... Machin. Pardonnez, je suis brouillé avec l'almanach Gotha; enfin, dans tout il y a du bon et du mauvais.

Les gentilshommes ne savaient s'ils devaient rire ou se fâcher. Ils prirent le premier parti.

— Vous fixerez vous-même le prix du cachet.

En ce moment le comte de X..., de sa main gantée, touche la fameuse haltère que Darcier avait laissé choir de dépit.

— Ah! mon petit, s'écrie celui-ci en haussant les épaules, touchez pas. Célestine est une faubourienne, ne la prend pas qui veut, elle se laissera plutôt peloter le ... par le faubourg du Temple que par le faubourg Saint-Germain.

Le comte se penche, son bras se roidit, les muscles se tendent, le biceps se gonfle, il soulève l'haltère et la tient haute et ferme au-dessus de sa tête, comme jadis ses ancêtres portaient à Crécy l'oriflamme aux fleurs de lys.

Darcier reste stupéfait de cette force sans ostentation, cette vigueur le rend respectueux, le plonge dans l'admiration, et tendant la main au vainqueur :

— Parfait, sublime, Monsieur le Comte, comptez sur

moi, j'irai à votre soirée ! quelle poigne !... je vous chante-
rai ce que vous voudrez... quelle énergie !... quant au prix
du cachet... quel étau !... vous pouvez vous le f.... quelque
part ! »

Ajoutons, malgré la conclusion de l'anecdote ci-dessus, que DARCIER ne rencontrait que peu de rivaux jongleurs
ou même lutteurs, capables de lui tenir tête.

Buste de DARCIER

(Maison de Retraite des Artistes Lyriques)

Aussi était-ce une grande joie pour l'artiste, lors des
fêtes de quartiers, de se mêler au public écoutant le boni-
ment des *paillasses* des baraques foraines ; de se faufiler
parfois au premier rang, devant l'arène du « Marseille »

d'alors, de relever le gant et, ayant mis habit bas, de tomber régulièrement le champion de la troupe... (1).

Mais aussi de prêter, par ces équipées, le flanc à la critique bourgeoise, qu'il méprisait d'ailleurs copieusement.

Pour nous, qui ne voyons dans ces fantaisies d'hercule, — le crayon de CARJAT et celui de MAILLY les ont spirituellement fixées ! — qu'un passe-temps comme un autre dont nous nous garderons bien de lui faire grief, la preuve d'une certaine naïveté de caractère due à son origine, nous estimons que si l'on veut appeler cette fantaisie du nom de défaut, ce défaut était amplement compensé par une qualité de premier ordre.

Cette qualité, c'était le respect de son art. Artiste convaincu, se donnant tout entier quand il chantait, il exigeait de l'auditoire une attention parfaite, attention que son merveilleux talent (2) lui obtenait partout, même et surtout dans les goguettes populaires.

Mais si, par mégarde, quelque assistant venait à troubler le silence de la salle, quel tonnerre d'imprécations devait s'abattre sur le malheureux !

On peut s'en faire une idée par cette apostrophe dont

---

(1) On peut encore se rendre compte, *de visu*, de la corpulence de Darcier par le buste exécuté grandeur nature, du vivant du modèle.

Il existe au moins deux épreuves en plâtre de ce buste. L'une orne le siège social de la Lice Chansonnière. L'autre, qui appartenait à Péricaud, fut achetée, au décès de ce dernier, par un fervent admirateur de Darcier, M. le Capitaine Schweisch qui, en septembre 1911, en a fait don à la Maison de Retraites des Artistes lyriques, à Ris-Orangis.

M. Schweisch a stipulé, dans sa lettre d'envoi, que le buste donné par lui devra être confié, pour être moulé ou fondu, au Comité qui pourrait se fonder, un jour ou l'autre, dans le but d'ériger un monument à la mémoire de Darcier.

Nous pensons que, coulé en bronze, ce buste devrait orner le tombeau du célèbre chanteur.

(2) « M. Darcier, comme chanteur, était doué au plus haut point de la faculté d'expression, du sentiment dramatique, il phrasait avec cela d'une façon incomparable, et il lui arrivait souvent de tirer des larmes des yeux les plus rebelles et de soulever l'enthousiasme d'une salle entière ». — Arthur POUGIN *(Supplément Fétis* déjà cité).

Darcier foudroya un jour son partenaire distrait : « Gredin !
tu viens de me voler un quart de soupir ! »

Cette invective extraordinaire nous servirait de mot de

Collection A. Patay

D'Hercule en paletot serait-ce la figure ?
Chut ! c'est *L'Ami Soleil,* c'est *Le Beau Nicolas,*
C'est *Jean Raisin* portant plus de fer sur les bras
Que de *Doublons* dans sa ceinture.

Portrait-charge de Darcier, par Etienne Carjat.

la fin, si nous n'avions pas à mentionner une autre anecdote, également significative, que nous tenons d'un témoin
digne de foi.

Un soir, au banquet du Caveau, le président Grangé

amena Darcier, dont ce n'était pas, d'ailleurs, la première visite chez Corazza. A cette époque, les *cavistes* s'entouraient d'un certain décorum. Ils venaient au dîner en habit.

Ce soir-là, à peine le potage servi, Darcier se mit à bourrer sa pipe, à l'allumer et à en tirer d'énormes bouffées.

Tolle général et, naturellement, observation du président au chanteur : On ne fume pas, ici, avant le dessert !

— Bon, dit Darcier, si c'est comme ça, je f... le camp !

— Il le fit comme il le dit... et s'en alla.

Paris 1913.

Les parties principales de cette notice biographique ont été publiées dans le journal *Le Caveau* (numéros de janvier, février, mars, avril et mai 1913). Elles étaient signées, là, d'un double pseudonyme que nous n'avons pas cru devoir utiliser pour la présente brochure). Note des auteurs).

LES SUCCÈS

de

DARCIER

Nous croyons être agréables aux admirateurs de J. Darcier en rappelant, ci-après, quelques-unes des principales chansons mises en musique par le grand chanteur :

Collection O. Pradels

DARCIER

En vente chez M. Labbé, éditeur, 20, rue du Croissant

Titre des Chansons	*Paroles de*
Adieu mes vingt ans	Edouard Dugas.
Aimer n'est rien.	Alexis Badou.
Les amants d'Adèle.	Gustave Nadaud.
L'Amour de ma mie	J.-B, Clément.
L'Ane	Desforges de Vassens.
Anne Margot	Frédéric Bérat.
L'Aragonaise	Charles Vincent.
A ta santé, compère.	Alexis Bouvier.
Le Bataillon d'Afrique.	Charles Gille.
Le Bataillon de la Moselle.	— —
La Blonde Suzon	Alexis Bouvier.
Boisentier	Gustave Nadaud.
Le Bon Dieu ne regarde pas.	J.-B. Clément.
Le Bonhomme Chopine	Barrillot.
Le Bonhomme Dimanche	Louis Festeau.
Bonjour à la Meunière.	J.-B. Clément.
La Bonne aventure	— —
Bourgogne.	A. Vilmay.
Le Café des Pieds humides	Charles Colmance.
La Canaille.	Alexis Bouvier.
Cenderinette.	Gustave Mathieu.
Chanson à Boire.	J.-B. Clément.
Le Chagrin de ma Voisine.	Jules Jeannin.
La Chanson de Jean Raisin.	Gustave Mathieu.

Titres des Chansons	*Paroles de*
Versez-moi du vin bleu	Alexis Bouvier.
Les Vignerons.	Athanase Vilmay.
Les Zéphyrs.	René Ponsard.

Et trois cents autres.

Collection M. Labbé.   Litho de ELto.

DARCIER

En vente chez A. Patay, éditeur, 31, faubourg St-Martin

Faites des Enfants.	Henri Rubois.
Les Français.	— —
Le Petit Navire.	René Ponsard.
L'Oiseau Bleu.	Henri Rubois.
Les Voix.	— —
Je m' suis laissé faire	— —

Un certain nombre d'autres œuvres de DARCIER ont été éditées par MM. Heugel et Cie, 2 *bis*, rue Vivienne ; Choudens et fils, 30, boulevard des Capucines ; C. Joubert, 25, rue d'Hauteville ; S. Bornemann, 15, rue de Tournon ; Fouquet ; Eveillard et Jacquot ; Vve Girod ; Durand et Cie ; J. Smith ; Costallat et Cie (fonds Richaud); etc., etc.

Paris. — Typ. A. NOEL et CHALVON, 29, rue N.-D.-de-Nazareth, 910-2-14

www.ingramcontent.com/pod-product-compliance
Ingram Content Group UK Ltd.
Pitfield, Milton Keynes, MK11 3LW, UK
UKHW031756170726
13836UKWH00002B/1000